SONETOS A LOS SANTOS

DIEGO GALERA

SONETOS A LOS SANTOS

Primera edición: julio de 2018

©Grupo Editorial Max Estrella
©Diego Galera
©Sonetos a los santos
©Portada de: Editorial Calíope

ISBN: 978-84-17233-58-7
ISBN Digital: 978-84-17233-59-4

Grupo Editorial Max Estrella
Calle Fernández de la Hoz, 76
28003 Madrid

Editorial Calíope
editorial@editorialcaliope.com
www.editorialcaliope.com

SAN BRUNO

La erguida aguja se dibuja
como apuntando al claro cielo.
Vuela imperial águila sobre el suelo
de Alemania. Más sube, más puja;
más se eleva en alto; la voz ruja
del león en Selva Negra. ¿Qué anhelo?
Es el suyo. ¿Por qué Reino me desvelo?
Suave aleteo a la sombra de la cartuja.
Reyes del silencio; habla a gritos
corazón que siente, solitario
del perdido valle que siempre sueño
dominando la montaña. Subid benditos
y hallaréis en vuestro calvario
el cenit, mientras no desfallezca el empeño.

SANTA CATALINA LABOURÉ

¡Oh! María, sin pecado concebida;
Rogad por nosotros que recurrimos a Vos.
Es ésta la consigna de la Madre de Dios
con la cual la gracia es concedida
a los que con confianza y fe sentida
demandamos su ayuda; y su Sol
Misericorde nos deja con su Luz; alúmbranos
Señora; extasiados con la elegida
Labouré; favorecida con la visión
de tu tan Divina contemplación.
Yo te contemplo y yo te observo
en la medalla prendida al cuello
y un resplandor celestial, bello,
dirige mis ojos hacia Ti ¡Madre del Verbo!

SAN JUAN DE LA CRUZ

Déjame que me acerque a tu historia
con arrimo y sin arrimo; como quiera
la paloma volar; como volar quisiera.
A oscuras dejar del alma memoria.
Volver juventud, infancia ilusoria.
Y deshaciéndome en verso te diera
el culto que bien mereces. Debiera
de la noche oscura a mayor gloria
venciendo el viento que se aproxima
subir contigo a lo más alto de la cima.
Pues ante mí, también hallo Carmelo.
La vista agudizo más allá del otero
buscando a mi pecho amparo. Quiero
conocer el azul nítido del Cielo.

SAN VICENTE DE HUESCA

Vicente, "Alma gemela de San Lorenzo".
Versa el último vate de la latinidad.
Aurelio Prudencio canta su lealtad
al victorioso mártir oscense. Lienzo
sublime de la historia que trenzo
e imagino juntos defendiendo la verdad
Esteban, Lorenzo y Vicente. Cantad
hermanos de fe, de un mismo comienzo
un mismo caminar y un mismo fin.
Cantar y contar al mundo la gloria.
Que alcanzaron héroes cristianos.
Que la emoción embargue al corazón afín.
Testigos de su cuita. Grabada la memoria
con el histórico hecho que nos ha hecho hermanos.

SAN JUAN CRISÓSTOMO

El áureo río de su elocuencia
desbordado corre por el orbe cristiano
de la primera época. Cuando el romano
imperio va alejando su presencia
su antigua hegemonía y su querencia
de dominarlo todo; empeño vano
del hombre de toda época. Insano
anhelo. Mas siempre hay en inocencia
quien llega a dominarlo todo
con sólo la palabra y no la espada.
Domina y dominada, la masa se le rinde
a su boca de oro. Codo a codo
con las grandes lumbreras de la cristianizada
humanidad que se desborda en temible
amenaza a las tinieblas y al lodo
que nos ocultan la estela iluminada.

SAN PEDRO NOLASCO

Me asomaré por un instante a la Merced,
la Celeste, Real y Militar Orden.
Y dejaré mis pecados y mi desorden
ante la Excelsa Señora que ofreced
pretende, la libertad al cautivo. Ceded
a este impulso Mariano, que no estorben
mundanas pasiones no desborden
este río que te lleva. De esa agua bebed.
La Madre siempre nos cuida.
La Historia lo está diciendo:
Siglo XIII, siglo de Santos y Conquistadores.
Raimundo, Jaime I y Pedro viendo
a la Virgen que no nos descuida
dejando la Orden creada. Mercedes y favores
a Barcelona, España y Alrededores.

SANTA JUANA DE LESTONNAC

He aquí la sobrina del célebre Montaigne.
Nacida y muerta en Burdeos.
Ni de niña ni de mujer conoció feos
impulsos que te apartan de la fe
autentica; cual lirios que entrevé
mi alma maltratada; deteneos
ahí, malos e insanos deseos.
Que viene aquí la luz en que me cegué.
Que viene la Generala que bastón
de mando recogió del Dios de los Ejércitos.
Y con firmeza ya desfila la Compañía
que fundó la viuda de Gastón.
Tenéis que ir, les dijo: con méritos
a las más jóvenes, llevarlas al ejemplo de María.

SAN BLAS

El Obrador de milagros o San Blas
es figura simpática y popular.
Y no hay pueblo que no le tenga un altar
y no hay pueblo en que nunca jamás
se le haya invocado. Él, por los demás
sacrificó su vida, pues auxiliar
fue su norma y su lema fue llegar
a Dios por la ciencia. Y verás
como toda lacra humana desaparece
al paso del Santo, con sólo la caricia
de la mano que todo lo cura y alivia
dejando la carga llevadera; y parece
que hay calma donde hubiera malicia.
"Cura la garganta herida por la desidia".

SAN CASIMIRO

Entre festines, torneos y cacerías
se ve al noble príncipe Casimiro
envuelto en sedas y brocados; mas miro
para adentro y observo las galerías
interiores de sus profundas galanterías
con la Virgen Señora que admiro
como admirara él. Y no deliro
si digo que conoció entre caballerías
y gestas medievales…bellezas liliales.
Cual el lirio más puro entre todos.
Al que cantaba dulces madrigales.
Y absorbía todos sus pensamientos. Beodos
de luz, de resplandores celestiales
vemos a los Santos; ajenos a todos los lodos.

SAN OLEGARIO

Siglo XII, San Olegario lleva el báculo pastoral.
Pastorea y bendice la ciudad de Barcelona.
Modesto y dulce, una gran persona.
Como necesitan los siglos, toda edad.
¿Qué haríamos sin ellos? ¿A quién llamar?
¿Quién acudiría a nuestro ruego? Pregona
a gritos su nombre. Siéntelo y dona
tu vida de oveja perdida al que guiar
te puede. En el anonimato buscado
anduviste, quisiste, tu camino
pero no fue posible. No se puede ocultar la luz
en las tinieblas. Pues astro que iluminado
alumbra un universo, pocos hay. Y aquí termino
de agradecértelo todo, mirando al cielo azul.

SANTA MATILDE

La corona ciñe emperatriz dulcísima
cuando marzo hace florecer
almendros y violetas por doquier.
La niña ciñe al pelo flor bellísima.
La violeta perfumada, tan humilde e ilustrísima
cual la silvestre florecilla que poseer
quiere, los colores del arco iris y ser
admiración de la plebe y de la nobilísima
estirpe de reyes de donde sale
este capullo en flor. Esposa del Rey.
¿Mas de qué Rey? Y dio hermosos capullitos.
Herederos del trono, otra corona vale
quien el cielo corona, rodeada de angelitos.

SAN JUAN DAMASCENO

Sentado frente a su fortaleza
diviso al santo con la pluma
blandiendo la palabra y la suma
Teológica. Al paso que piensa y reza.
Reza a la Virgen con entereza.
Pues ésta le restituye hasta la mano.
Pues, si por el gran milagro, hermano
soy de todo cristiano. ¡Qué fuerza!
No me ha de faltar para enristrar
la pluma, haciendo así apología
del culto a la imagen cuando es divina.
Y al que lea mi palabra no le ha de faltar
el justo entendimiento sino sabiduría.
E igual al que vea el dibujo y lo que se adivina.

SAN FRANCISCO DE PAULA

En Barcelona existe un lienzo
dedicado a tu persona. Por aquí comienza
mi relato de tu persona. Esperando convenza
al que lo vea, al que lo lea. Comienzo:
Caridad era el lema, con el trenzo
tu historia, toda historia cristiana que venza
la falta de tal virtud, cuando egoísmo es lo que se trenza.
Caridad era tu lema, con el venzo
al impetuoso mar poniendo la capa sobre las olas
no en balde el milagro rige todas las aureolas.
Fue Francisco, santo, desde muy niño.
Y su fama llegó a oídos del rey de Francia.
Que quiso curarse por su mano sin elegancia
de joyas bien surtidas. Su humildad yo no destiño.

SANTA CASILDA

La vida de la virgen mora se asoma
ahora, a estas páginas, poesía y canción
en una guirnalda de milagros. Visión
de triunfo de la gracia que la toma
en sus manos y la lleva a la loma
de Toledo, judía, cristiana y mora. Misión
dificilísima de convivencia, de connivencia. Bastión
  de la cruz. La princesa lleva pan para que coma
el cristiano, cautivo del rey moro.
¿Quién no conoce el milagro de las rosas?
Pan y viandas convirtiéndose en flores.
Y es que en esta extraña mezcla de la piel de toro
también entre la raza mora se hallan hermosas
perlas. Almas caritativas que merecen todos los honores.

SAN PEDRO ARMENGOL

Al contemplar tu vida y hechos, se me figura
ver al borrascoso joven que ahora
pisa la ciudad condal, en esta hora
de tinieblas. En que parece que la fisura
en el alma se agranda y no se cura.
Viniendo de Condes de Urgel. Atesora
linaje de nobleza. Mas yo que al sol que dora
las espigas, he nacido en tierra seca y dura.
Mas tú en Tarragona donde el amor me guía.
Guiado y salvado también por María.
¿Quién es el guardián de los prados?
Donde tranquilas y confiadas pacen las ovejas.
Y aún cuando más descarriadas, no cejas
de buscarnos hasta dejarnos resguardados.

SAN PABLO DE LA CRUZ

Corriendo el siglo XVIII, siglo veleidoso,
viene al mundo un segundo Pablo
que como el de Tarso dio que hablar y hablo
por boca de sus hijos que con doloroso
testimonio, dan ejemplo con hermoso
hábito de apóstol de la cruz con la que entablo
mi lucha enarbolándola por bandera ¡Que retablo!
más digno: Las espinas y los clavos me dan gozo.
Y gozo con la gloria que se alcanza
viviendo la pasión de la cruz
y sufriendo el calvario de la vida
con solicitud, sumiso y con prestanza.
Prestos al amor y al sufrimiento. Llegará la luz
al mundo por la imagen dolorida.

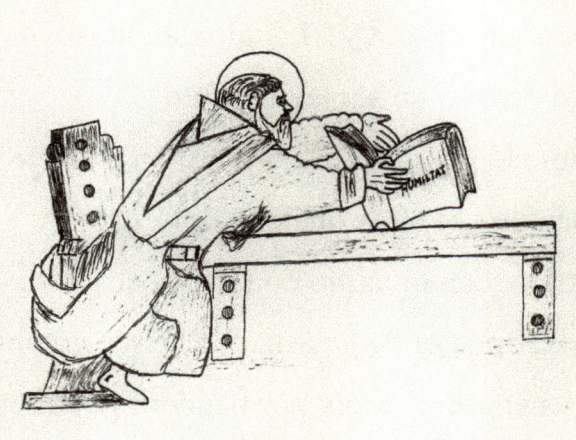

SAN HILARIO

"¡Cuán hermosos son sobre los montes
los pies del que anima y trae mensajes de paz!"
Retumban en mi cabeza con mordaz
contundencia, ecos nuevos en remontes
de años o ríos, mirando los horizontes
del cristianismo que se propaga por la faz
de la Tierra que germina, ¡Oh! Que contumaz
error del arriano; no ve sobre los montes
la belleza total del Verbo divino.
Belleza manifiesta en alma de fuego
que comprenda la Verdad que se adivina.
Y se comparte al comer el pan y el vino.
Escribiendo con pluma de fuego. Yo, Diego
traigo nuevas del bien, público la salud Divina.

SAN ATANASIO

2 de Mayo, fecha que hizo historia
en los siglos denominados cristianos.
Celebramos a Atanasio todos sus hermanos
de fe y tribulaciones hasta la gloria
que perseguimos; luchamos por la victoria
aunando nuestras fuerzas, nuestras manos.
Caigan por tierra, tesis de arrianos,
Atanasio con nosotros hasta la gloria.
Si halláis una sentencia de Atanasio,
dice gráficamente el abad Cosme,
y no tenéis donde copiarla,
escribidla en vuestros vestidos. ¡Atanasio!
Que mejor propaganda que esta enorme
publicidad. ¡Publicistas de hoy: Imitarla!

SANTA MÓNICA

Está donde estás, no estás donde está.

Cuando el hijo perdido iba

presta a su lado la madre arriba.

A su ribera y puerto lo llevará.

Sobre la misma tabla se salvará.

Pues en amor, fe – llantos y rezos, estriba

la fuerza que al ídolo de barro derriba

Agustín ya por buen camino va.

Ya está Santa Mónica tranquila.

Siente que está cumplida su misión.

Él está donde ella está y vigila

desde lo más alto del glorioso balcón.

Agustín, dile a tu madre, dila:

Que ya sus llantos y rezos: Lograron tu salvación.

SAN JUAN DE ÁVILA

El Beato Juan de Ávila ahora Santo
asoma por aquí con mi humilde poesía.
Este gran apóstol de Andalucía
que asombró a España con su canto.
Elocuente orador. Victoria en Lepanto.
Tiempos son de gloria y celosía.
Reflejos dorados del Sol extasía
a los grandes del Siglo de Oro. Exalto
tu magnetismo y fuerza cual
no conocieron los siglos, ni aún el Siglo de Oro.
Hay quién dijo de ti y yo digo a coro:
Que oírte, era oír a San Pablo, tal
si fuera explicado por San Pablo
o tal vez por el Espíritu Santo. Por Él, hablo.

SAN JUAN NEPOMUCENO

Guardar silencio: Ese es su oficio,
lejos de cualquiera mal pensamiento,
que permitiera lanzar al viento,
el secreto que con maña de artificio
le exigen revelar en ejercicio
de ley terrenal. Tener al rey contento.
Del lugar Sagrado del que toma asiento
no es permitido discernir, ni al borde del precipicio
revelar lo que es secreto año tras año
desde que Jesucristo, el Ser más puro,
instituyera dentro de la confesión más bella
el Sacramento por el cual el rebaño
vuelve de nuevo al redil. ¡Ya pasturo
en el seno de la Iglesia. Camino con Ella!

SAN BASILIO MAGNO

Te veo haciendo tu labor de cada día
y que ahora toca; ya sea trabajo manual
o con pluma de escritor de elevado caudal
que su espíritu deja como una melodía
en las cosas que toca a sintonía
del ideal cristiano. ¡Cabe mayor ideal!
Sonetizando al santo como escritor leal
al insigne sabio que todo lo sabía,
os doy fe de sus obras, en forma menguada.
El somero vistazo a una vida tan grande
en obras de caridad, en obras de sabiduría.
Exprimida el alma, llega extenuada
a la cima del monte más grande.
Pero llega. La Familia Santa es todo lo que quería.

SANTA FEBRONIA

Nada sé de ti, aunque te adoro
como una santa más ¡Pero qué Santa!
Con toda mi confianza, a ella imploro.
Se calma el mar y el cielo canta.
Ya están las aguas tranquilas. Ya mi tesoro.
está puesto en el cielo. Ya mi taranta
dice cuanto te quiero: Virgen Santa.
Tu manto de plata. Tu corona de oro.
Diviso en la nube que arriba está.
Al canto de los ángeles. Llora.
¿Por qué? Preguntaras. Lo mismo da.
Pues el dolor de Cristo, sufre María,
Febronia y yo, al tiempo que ora
el alma extasiada que visión tenía.

SAN DIEGO DE ALCALÁ

Este sencillo santo franciscano
gozaba de la Mano Todopoderosa
que curaba y aliviaba la dolorosa
herida que sangraba por lo sano.
Y era tal el poder del sevillano
que hasta la sangre real en portentosa
hazaña y glosa bien milagrosa
quedó reflejada en la vida del hermano
franciscano de vocación; de nacimiento:
Sevillano y de adopción: Alcalaíno.
En su vida de curaciones y milagros.
Se reflejan curaciones a ciento
la del plebeyo y el noble y atino
si digo: Diego, alcanzó a la sangre azul con sus milagros.

SAN RAMÓN NONATO

Llega el Patrón de todos los Ramones
con su grande y simpática estampa
que por España y el mundo escampa
aromas dulcísimos y tiernos sones
de música celeste que con sutil voz entones
a coro con ángeles donde acampa
sus fueros y dominios estampa
el que todo lo puede en nuestros corazones.
Ramón lanza tu voz al mundo.
Predica por aquí y por allá la palabra
que Dios transmite por tus labios
y siembra por doquier el bien más fecundo
que tus fecundas predicaciones labra
en los corazones sencillos y sabios.

SAN CARLOS BORROMEO

San Pio X le llamó "Obsequio del Cielo"
Vistiendo cilicio bajo la púrpura.
El sacerdocio es labor bien pura
cuando ahora descorremos el velo
de su historia y vida en un vuelo
por la Italia renacentista y dura
con los contemporáneos del Santo que cura
grandes males con los grandes remedios del celo
del humilde cura que luego sería cardenal
y como nuevo Moisés conducirá
al pueblo de Dios hasta la Gloria.
Arrancando de nosotros todo mal.
Con el ejemplo tridentino llegará
a la santidad de la mano de Paulo V, de santa memoria.

SAN PEDRO ALMATÓ

Pedro Almató, hijo predilecto de Sant Feliu Sasserra,
localidad catalana al nordeste del Solsonès
que se sitúa en el corazón del Llusanès
limitando con el Berguedà y la meva terra
del Bages. Y hacia el oeste la nostra serra
de Montserrat que a todo Barcelonès
llega nítida entre la bruma y el arnés
preparado sobre la grupa ferra.
Que he de partir hacia el lejano Oriente
con espíritu misionero y a la orden
de la Orden de Predicadores de Occidente
sembraré la semilla en el Sol Naciente
y germinará y estará lista para que estorben
la mano impía que siega la flor creyente.

SAN JUSTO

La vieja Compluto guarda un tesoro
la marcada herencia de sus mártires y santos
Justo y Pastor, Pastor y Justo, a coro
con San Diego el de Alcalá, en cantos
pregonan la heroicidad en la piel de toro.
La de los mártires que ha dado. Tantos
que se salen del santoral en chorros de oro
y se graban en el alma cristiana como mantos
virginales fundidos al crisol
resplandeciente del amor infantil
más tierno, más sincero, más autentico.
Amaron a Cristo. Nuestro Señor
y por Él, murieron. Este adalid
de siete años y su hermano de nueve. Fruto idéntico.

SAN PASTOR

Y aquí está el hermano de aquél
mártir también e igualmente santo
y ejemplo a la vez de la niñez
española con el dulce encanto
del vuelo precoz en la busca de Él.
Por Él, lo que ama y quiere Pastor otro tanto
quiere Justo. Pues parece en su bisoñés
que sabe apreciar y distinguir por tanto
lo que es justicia Divina o de Dios
y lo que es injusticia humana o de hombres.
Iguales en su fe. Iguales en su esperanza.
Caminan hacia el verdugo, por amor.
Estos tiernos infantitos. Prohombres
son, los más osados que se ven en lontananza.

SAN COSME

San Cosme, esa figura popular
la del médico que cura y sana
con la ciencia aprendida y la que emana
de Dios Todopoderoso ante todo malestar.
San Cosme, médico, viene a entregar
su cuerpo al verdugo pero gana
su alma para Dios, su alma cristiana
ufana llega a la ribera del mar.
Que es vida, vida al fin, vida segura.
San Cosme, patrón de esa Barriada
tan popular, tan próxima. Altiva
Torre. Faro que alumbra mientras dura
la luz que nos das. Bandera arriada
la de la gloriosa Iglesia primitiva.

SAN DAMIÁN

¿De dónde sois? Pregunta el prefecto.
De Egea de Arabia. Responden los hermanos.
Y en el nombre de Dios todos los cristianos
venimos y erramos por el camino recto
al cielo. Al cielo vamos directo
por la senda que Cristo a los humanos
ha señalado. Por eso todos los veranos
cuando el trigo está listo y perfecto
para la siega. Nosotros estamos ahí
pues hemos sido plantados por la mano
del Amado. Germinando en el invierno
floreciendo en primavera. Y en verano
listos estamos para la mano que aquí
siega. El gemelo también se libra del infierno.

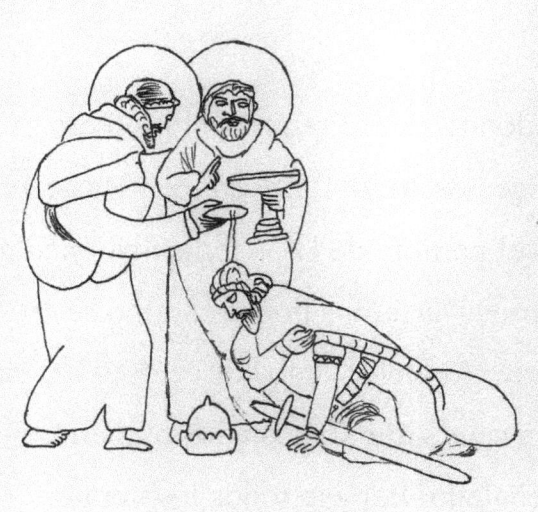

SAN JUDAS

Ahora, el apóstol San Judas Tadeo
es por mí invocado, evocado.
Constantemente pruebo de tu bocado
Celestial. Al lado del Maestro te veo
y le pregunto y como tú deseo
saciar mi curiosidad. Sea explicado
el misterio que nos intriga por duplicado.
Y es saber por qué a ti, a Simón el Cananeo
y a los demás apóstoles se manifiesta
y no al mundo muestra la testa
el Divino Jesucristo, mi hermano.
¿Por qué a mí, Señor? ¿Por qué, Señor, a mí?
Vienes de nuevo, como vino a ti.
Abogado de los imposibles échame una mano.

SAN FELIPE, APÓSTOL

La vida de los apóstoles se pierde
inmersa en la gran luz que irradia
la figura inmensa de Cristo. Sabia
lección nos dio y dejó. Hierve
en los inmensos corazones duerme
como estrellas ante el Sol que con rabia
muestra sus rayos. Cristo muestra su labia
pues es el Sol cenital que tenerme
pretende con sus poderosas irradiaciones
a sus rayos entrelazado. Lazo eterno
como el que hizo con aquel Felipe
del Evangelio al que atrajo con sus radiaciones.
Por los siglos de los siglos en mi fuero interno
Apóstol sincero, tu luz no se disipe.

SANTO TOMÁS, APÓSTOL

La vida de los apóstoles se pierde
inmersa en la gran luz que irradia
la figura inmensa de Cristo. –De Betania–
como estrellas ante el Sol cenital que se cierne
sobre nuestras cabezas concierne
anunciar el mensaje. De Betania
viene un mensajero y con rabia
anuncia que Lázaro se muere. ¡No! Sólo duerme.
Eamus et nos et moriamur cum illo:
Vayamos también nosotros y muramos con Él.
A las palabras de Tomás, acuden todos a Judea.
La resurrección espera y al vuelo de un pajarillo
despierta Lázaro. Empieza a caer en la cuenta, él,
el más incrédulo, que hasta que no vea
sus llagas y meta la mano en su costado
que Él es el Camino, la Verdad y la Vida.

SAN MATEO, APÓSTOL

Magna est gloria ejus in salutari tuo:
Grande es su gloria, porque le salvaste,
Señor, les has cubierto de gloria, le honraste,
Señor, con tu elección y a dúo
con San Pedro comprendió tu arduo
esfuerzo por salvarles. Le guiaste,
Señor, y lleno de Ti le revelaste
cuanto dijo en su Evangelio. Suyo
es el mérito y Tuya es la Victoria.
Yo, no he venido a salvar a los justos,
sino a los pecadores, dice la Historia
Sagrada, que a estas palabras, adustos
y mudos quedaron los presentes. La Gloria
está reservada a todos. ¡Seamos justos!

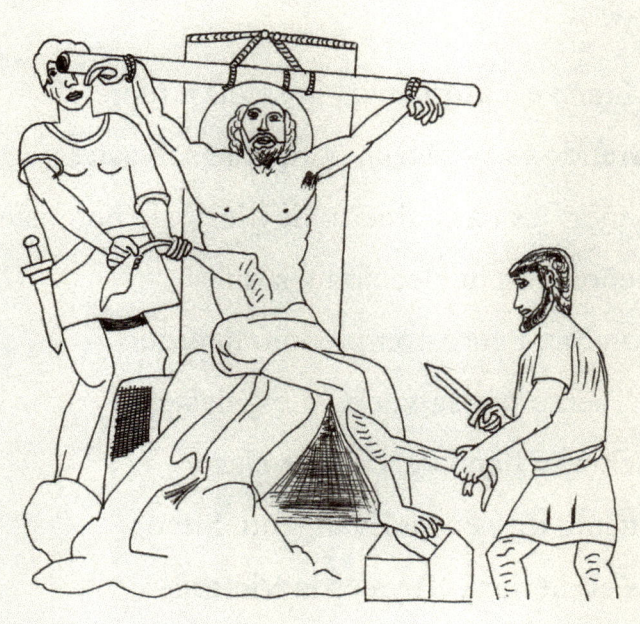

SAN BARTOLOMÉ, APÓSTOL

Dame albricias, Natanael:
Saludo de Felipe a Bartolomé.
Al aviso que me trae el amigo, ya no dejé
de anunciar la Buena Nueva de Aquél
que dejó su mensaje para hoy y ayer.
A través de sus Apóstoles conocí y amé
a Jesús de Nazaret. Me rendí y le adoré.
En Él se cumplieron los tiempos de Emmanuel.
Salió Bartolomé a predicar al mundo
el mensaje del Hijo de Dios.
Mensajero del Rey de Israel.
Hasta la India llegó el fecundo
Mensaje de Jesús. Mensajero del amor
hasta la muerte. Desollado por amor a Él.

SANTIAGO EL MENOR

El santo obispo de Jerusalén
acude presto ahora a mi pluma.
Yo le escribo y él escribió su suma
teológica en celebrada epístola. Ven
a sus páginas de la Historia. Ten
una visión clara entre la bruma
que envuelve lo más Sagrado. Abruma
pensar que sin el Pan de Vida que me den
los Santos Apóstoles a imitación de Cristo,
podré vivir ya. Vida no será.
Vida, la de Santiago, el rudo asceta,
hijo de María, hermana de José. Visto
su parentesco con Jesús, se verá
idéntico a Él en corazón y testa.

SAN SIMÓN, APÓSTOL

Empiezo a escribir la historia de Simón Zelotes
llamado así por San Lucas Evangelista
y no Simón el Zelotes, para que no exista
duda del sobrenombre que anotes
junto a Simón en la Vulgata. Son motes
intencionados pues el Apóstol al que paso lista
es oriundo de Caná de Galilea y en vista
de ello derivó en Cananeo o Zelotes
o quanana "Inflamado de celo" o Celador.
Pues celoso y tradicionalista, como Él, no hubo
desde los tiempos de Nabucodonosor.
Desde que conoció a Cristo, de puritano se hizo
puro.
De la fe verdadera fue gran defensor
y por los Caminos de Dios anduvo.

SAN ANASTASIO I

El Santo Patriarca de Antioquía
cuya fiesta se celebra cuando la flor
está en su apogeo. Es el albor
de la primavera que nace cada día
en cada corazón que invoca a María
ofreciéndola flores, obsequiándola amor
como sólo los Santos, -el más alto honor-
saben hacerlo. Saben amar a la Madre mía
y tuya también. La primavera
invita a acudir a Ella. Entonara
Señora, tu magníficat en toda era
en todo tiempo, si permaneciera
en mí la virtud que esperara
igual que la rosa esperó a que floreciera.

SAN ANASTASIO II

El Santo Patriarca de Antioquía
cuya fiesta se celebra cuando la nieve
cae copo a copo. Es diciembre y llueve
en el pueblo. Hay tristeza y hay alegría
al anunciar la gesta del Santo del día
en que empieza el invierno. Leve
el viento sopla con ráfaga que eleve
las hojas caídas durante el otoño. ¡Caía
la nieve cuando Anastasio dio su vida
por Cristo! Un glorioso mártir más
que exalto con mi pluma ávida
de vida. Pues vida es y muy querida.
La viva imagen de los héroes que jamás
faltaron en la Historia Cristiana más merecida.

SAN JUAN BERCHMANS

Es Juan, devoto de la Inmaculada.
Con las cuentas del Rosario entre las manos
discurre paso a paso su vida entre sus hermanos
en la Compañía de Jesús. Bienaventurada
vida. Ejemplo. Luz entusiasmada,
fueron Luis, Estanislao y él, para los humanos.
Sentimientos iguales a éstos, Jesús danos.
Haznos ser ejemplo de pureza innominada.
Ejemplo de virtud y entereza
ante los errores del mundo que nos encadena
al averno declive del que no reza
por que llegue la luz al mundo, con tibieza.
Con la fuerza en bruto que encadena
la juventud que no anda con vileza.

SANTA ROSALÍA

Rosalía es el lirio y la rosa solitaria
que crece en el jardín mediterráneo
de Palermo. Allí su esplendor espontáneo
florece en medio de la parafernalia
del condado de su padre con la regalía
de grandezas y esplendores. Sucedáneo
de la corte. Gustos cortesanos. Planeó
el Cielo otra cosa de leyenda imaginaria.
Y ocurrió qué, a la orden del Cielo
Rosalía voló con dos ángeles que la llevaron
hasta su nueva posada donde el vuelo
del águila es lo único que se distingue. Miraron
sus ojos abajo y sintió y gozó entre el rigor del hielo
el calor y el alimento que del Cielo le bajaron.
Viéndose cumplido el dicho del Evangelio:
"A los lirios del campo regala hermosos vestidos
y a los pájaros del aire da el alimento necesario".

SAN JUSTINO, EL FILÓSOFO

Es la sublime locura de la cruz
lo que desde siempre ha cautivado.
Ésta es la ciencia que ha entusiasmado
a Justino el filósofo, la ciencia de la luz.
La ciencia que permite al trasluz
del cristianismo, saber que se ha encontrado
la verdad más inquietante. Verificado
nuestro contenido espiritual en el azul
color del cielo que con ahínco perseguimos
buscando la verdad que exigimos
y no hallamos en la vacua ciencia del mundo.
Sólo encontraras al Dios verdadero
en las Sagradas Escrituras, relato sincero
del corazón inmaculado y profundo.

SANTA ISABEL DE HUNGRÍA

Princesa por la sangre y reina de misericordia
es, Santa Isabel con su milagrosa caridad.
En ella se ve la justicia y bondad
del Dios Misericordioso que para su gloria
ha hecho en ella un altar de concordia
y la mano que otorga pan por piedad.
Pan, que puede trocarse en flores de verdad
cuando el compromiso acucia como en la historia
de Santa Casilda. Destacó el hecho
le aconteció en Eisenach, en un oficio
religioso, contra el suelo echó
su corona de oro sin desperdicio
por no soportar las joyas bajo el techo
en que su Señor está coronado de espinas. ¡Buen indicio!

SAN JOSÉ DE PIGNATELLI

Este Padre de la Compañía de Jesús, nació
en siglo impío. Siglo del Jansenismo.
A caballo del siglo XVIII al XIX, el cristianismo
al paladín de la resurrección, conoció.
Zaragoza, la ciudad del Pilar, vio
nacer al gran restaurador que del abismo
libró, a sus hermanos, del cataclismo
que amenaza en este u otro siglo. Abrió
él, su corazón al mundo y será
no más que un señor que lleva alforja
y va pidiendo para los pobres
desde Manresa a Roma vagará
logrando el más preciado tesoro que forja
con su sangre aristocrática. ¡El más simple de los
hombres!

SAN URBANO V

Figura señera del Pontificado
es, San Urbano V, el Papa preciso
que precisa esos momentos. Viso
de Providencia. Providencial Papado
como lo ha sido el de Pio XII, ya inmortalizado.
Dios tiene sus planes o hizo lo que quiso
desde siempre. No hace falta hacer el inciso
de que jamás faltó el Sansón, David o Moisés en el pasado.

Y en el presente. Abandonémonos pues
a su raciocinio. Equilatado. Él sabe
el hombre que se requiere para Vicario
suyo y Pastor de los hombres del antes y el después.

Más gigantesca labor que la suya no cabe:
Debe devolver los Papas a Roma. ¡Abro mi breviario!

SAN MARTÍN DUMIENSE

San Martín Dumiense, arzobispo de Braga.
Apóstol de los suevos y apóstol de Galicia,
es aquí o es allí, donde inicia
su apostolado ejemplar. Indaga
y verás que por todas partes vaga,
vagó el aliento de un gran espíritu. Primicia
será decir que este Martín fue, es, en justicia
una de las glorias más puras que amaga
nuestra primitiva y querida Iglesia.
El poeta San Venancio Fortunato
escribió: Martino servata novo, Gallícia plaude:
¡Aplaude, Galicia, de nuevo recobrada por Martín!
Aplaude
    tú, también, no a estos versos ni a esta poesía
    sino al gigantesco empeño del Santo nato.

SAN ROBERTO BERLAMINO

Las universidades y los prelados.
Al gentilhombre se lo disputan a porfía.
Al que se vio señalado por el Cielo un día.
Fue el más sabio de todos los licenciados.
Subiendo en el escalafón. ¡Cuán elevados!
Eran sus principios. El sol reía
-siempre ríe el sol- Cuando se cumple una profecía.
El capelo y otros títulos le fueron profetizados.
Sus "Controversias" fueron martillo de herejes.
Sus lecciones: Escuela de Santos.
Sus dignidades: Refugio de los humildes.
Y así es como son los tejemanejes
del que nació pobre, vivió pobre, y sin espantos
quiso morir pobre Cardenal. ¡No lo tildes!

SAN JULIO I

Hagiógrafos y Martirologios silencian.
Silencian la infancia y juventud
de este romano. Y es hacia la senectud
cuando entonces sus gestas sentencian
su vida y magnanimidad que presencian
Macario, y Atanasio; con la autoridad de su virtud
llega a la par que el Rey del Cielo, como un alud
que barre confusiones y elocuencian
la clara y limpia fe del Papa generoso.
El que es de figura imperioso,
grande cual la justicia que hizo
cuando la controversia arriana
y la vindicación del gran San Atanasio que gana
el pleito. Dios en él hizo y deshizo.

SAN BERNARDO DE MENTÓN

Montaña arriba, se sitúa la mansión
más alta de Europa. La famosa Hospedería
que a través de los siglos evitaría
que descarriados viajeros hallaran su perdición
entre fríos, ventiscas y aludes. Su salvación
está en la cumbre. De allí llegaría
el águila del amor. El ladrido anunciaría
que llegaba San Bernardo de Mentón.
Patrono de alpinistas y montañeses.
De historia sublime y desconocida.
Huido de una imposición de hombres
cuando Dios tiene otros intereses
depositados en ti. Tú sabes de mi conocida
afición a la montaña. No hará falta que nombres
las cotas alcanzadas. Apóstol de los Alpes
protege y vigila mi ascensión. No te escapes.

SAN ZOILO

En los albores del siglo cuarto
hubo en Córdoba la sultana
un mártir entre tanta sangre cristiana
derramada por las persecuciones harto
cruentas e inhumanas. Difícil parto
de los romanos. Que hacían lo que les daba la gana
y no dejaban hacer más que lo que al Cesar y a su vana
corte se les antojaba. Dijoles, Zoilo: "Cuanto
más persigas mi cuerpo humano
tanto más acrecientas mi fe y ensalzas
mi gloria." En Jerusalén, ¡Oh tú, romano!
No temiste condenar al que alzas
en una cruz y lo clavas, siendo tu hermano.
¿Debo yo temerte e idolatrar al que tú realzas?
Está dicho: "Si a Mí me persiguen,
también os perseguirán a vosotros".

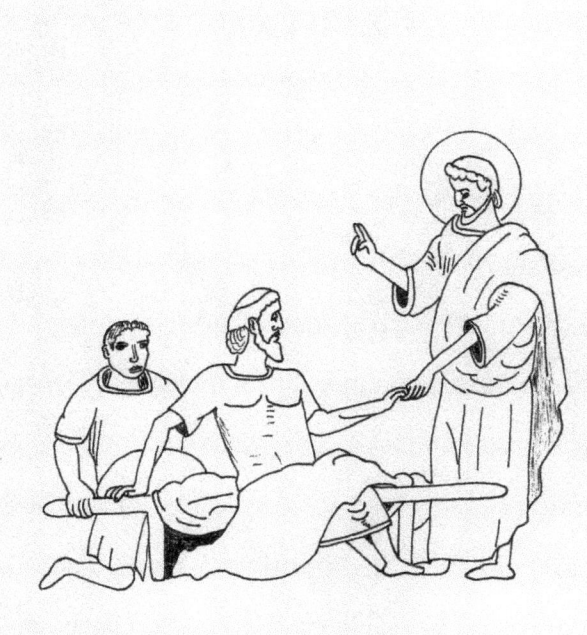

SAN PANTALEÓN

La única panacea universal es Jesucristo
el que todas las enfermedades cura
con su infalible medicina y pura
esencia del alma que yo revisto
de arrogante carisma, imprevisto.
San Pantaleón obró y oró y todavía perdura
su milagro. Sangre que se licúa siendo dura
y cuajada en el día de su Fiesta a la que asisto.
El famoso médico de patricios y nobles
romanos, encontró la verdadera ciencia
un día y desde ese día sus santas manos
obraron milagros por doquier. Redobles
al Santo mártir al que la inconsciencia
de Diocleciano condujo a la muerte por sus hermanos.

SAN JUAN MARÍA VIANNEY

Fue en tiempos del belicoso Napoleón
cuando a Francia llegó la Gloria
y no por la conquista que la Historia
rinde al General, sino por este campeón
que triunfó cerca de la ciudad del León
y fue proclamada al mundo su victoria
y en el pueblo quedó su memoria.
Y hoy perdura entre luces de neón
y acude a mí tu recuerdo
cuando Ars se me semeja esta sociedad
actual, tan dejada de la mano. Acuerdo
que debo acudir en demanda de tu ayuda
y vea yo la nueva Ars en la nueva sociedad
que surja tras tu paso. Pues pasas, ¿Sin duda?

SANTA JUANA DE CHANTAL

Llueve sobre el pueblo mansamente.
En la calle hace frío, mucho frío.
Estamos en pleno invierno. El río
probablemente esté helado. Probablemente.
Ha madrugado la Nochebuena latente
en colorido navideño. Enfrío
el cava o champagne. Jesusito mío
todo está listo para rememorarte eternamente.
Bueno será que empiece el día
recordando a Santa Juana de Chantal.
La imagino en su castillo-fortaleza
de su perfección, guiada por el Guía
y Maestro del Espíritu. Este diamante de Santidad
practicó el Evangelismo puro según reza:
"Que tu mano izquierda no sepa
lo que hace la derecha".

SANTA REGINA

Entre rosas místicas viviste quince años.
¡Oh! Santa Reina o Regina. Estampa
de niña mártir que por la tierra escampa
aromas de Santidad entre baños
en el estanque helado y otros daños
que te infringió el romano que acampa
a sus fueros en Alesia. Su rampa
de ascensión al Cielo. Deja los rebaños
que pastoreaba, para ir a Dios
por el camino más corto y heroico:
el del martirio sublime y atroz.
El tierno tallo es cortado por la hoz
cuando ya ha germinado al Sol.
¿Cómo ante este ejemplo mantenerme estoico?

SAN MAURILIO

Si se dice que el poeta nace, no se hace.
Del Santo puede afirmarse lo contrario.
Pues en el devenir real o imaginario
de todo Apóstol, será Dios quien hace o deshace.
Y forma y moldea a su gusto. Pacem
in Terra en esta Navidad de mi ideario
cristiano que guardo en un armario
y abro cada día cual abro mi alma al Dios que nace
en esta Navidad que ahora vivo
como vivieron los contemporáneos de la vida
de la Sagrada Familia que Maurilio adoró.
En él se dieron los hechos que revivo
al leer los Hechos de los Apóstoles. Revivida
la increíble sucesión de milagros que Dios obró.

SANTO DOMINGO DE LA CALZADA

Lo dice el cantar: "Vos que andáis a Santiago,
mire vostre mercé, non ay puentes
nin posades nin cosa para comer. Fuentes
de mi ilusión son para mí, Yago,
las estrellas de la Vía Láctea por las que vago
buscando el camino entre los torrentes
de agua y luz, poniéndose en los ponientes.
¡Camino de Compostela! Ahora indago
por la senda de tu vida. ¡Camino de romeros!
Que fue tu preocupación y desvelo.
Por esta ruta jacobea sueño andar.
Transitando tu calzada entre los romeros
del año Jubilar. Divino ingeniero que al vuelo
de la paloma, trazó la calzada que hemos de pasar.

BEATO JUAN DE PRADO

En el Colegio Misional de Compostela
se veneran tus santas reliquias. Ejemplo
y consigna que hoy perduran. Templo
con enérgica voluntad la vela
desplegada hacia el Magreb, la carabela.
En esa fuerza interior, en esa fe no destemplo
pues por caminos ásperos está mi templo.
Cumbre que tú alcanzaste un día. Una vela
pongo a María para conseguir lo mismo
cruzando mares o valles. La vela arriada
llegado al puerto que corona
el servicio a mi Señor. No, no es turismo
lo que guía mis pasos al Montserrat, vaguada
del Queralt, Covadonga, Pilar, Santiago o la misma
Roma.

BEATO SEBASTIÁN DE APARICIO

En el Siglo de Oro floreció esta florecilla
de San Francisco. Uno de los más grandes
hombres que pisó América. Por ella expandes
tu franciscanismo que cual avecilla
revolotea de aquí para allá. De Sevilla
y Sanlúcar de Barrameda a Veracruz
y Puebla de los Ángeles, llevando a lomos tu cruz.
Antes que nada seglar en toda villa
o ciudad. Uniste pueblo con pueblo
con la primera carretera mejicana.
Enseñaste a arar la tierra a los indios
a la usanza de tu tierra y tu pueblo
natal de Agudiña. Galicia gana
un nuevo apóstol que entre los amerindios
conoció todo estado civil y religioso.
Vivió noventa y ocho años sin una hora ocioso.

SAN FRUCTUOSO DE TARRAGONA

De la Acrópolis íbera
¡Oh, Fructuoso! La feliz Tarraco
fue la primera de las provincias romanas
de Iberia en conocer las crueldades humanas
que desató las persecuciones del bellaco
emperador Valeriano. Al obispo destaco
entre sus diáconos, en mis vanas
pretensiones de hacer mientras no falten las ganas,
un cuadro feliz con el limitado saco
de mis ilusiones y fantasías.
Veo al Santo obispo, imponente
Junto a Augurio y Eulogio.
Con el báculo y la Mitra extasías
al pueblo y hasta, a la corte. Probablemente
hicieron de tu sacrificio gran elogio.

SAN BENITO BISCOP

El Sol luce en el horizonte
Benito otea el plano de la catedral.
El báculo descansa sobre su hombro. Imperial
el águila planea por el sur y por el norte
Epopeya apostólica y civilizadora. Monte
y sierra no te paran la poesía de tu ideal
siempre noble, bello y elevado. Inmortal
afán benedictino que vivió a remonte
del rio, buscando un nuevo camino que lleve a Roma
Ciudad Eterna. Al Vicario de Cristo
Dóminus pars hoereditatis meoe….El Señor
es mi parte y mi herencia. El aroma
brotó de su alma en exclamación bíblica. Visto
esto, ¿Qué queda de su herencia en la Isla de los Santos? Del SEÑOR.
¡AMOR! ¡AMOR!

SANTA ÁNGELA DE FOLIGNO

La Gracia, esa exclusiva de Dios
que otorga la justa en el momento justo
es don carísimo aunque parezca injusto.
Que se hace de rogar. Cuando ven la luz del Sol
algunos están ya recubiertos de ese amor
de Dios, disfrutando de esa Virtud a gusto.
Otros, los más, se tienen que llevar más que un disgusto
para obtener esa indulgencia de Dios.
En que todo parece: Virtud, vencido el pecado.
Este último es el caso que nos ocupa.
Ángela vivió en el mundo sumida en liviandades.
Como María Magdalena, el escándalo o el pecado
del escándalo, conoció. Ya preocupa
su vida disipada. Pero entre tantas vanidades
vio a Jesús clavado en un madero
y despertó a la Gracia, como maravilla de la Gracia.

SANTA GENOVEVA

"Derrocó a los poderosos; encumbró
a los humildes". La Iglesia reza.
El Imperio Romano por fuerza
se derrumba. Genoveva nació
entonces y al pueblo Galo llevó
a la salvación con la tibieza
de sus tiernas manos llenas de pureza.
Mansa y dulce pastorcita en la que se apoyó
el Cielo. En su fuerte cayado.
Genoveva, a tu lado, tus contemporáneos
semejan ovejitas. Ovejitas descarriadas.
La Patrona de París es lo más adorado
por Francia a la que salvó de foráneos
tantas veces que aún hoy día le son confiadas
las ovejas del País Defensor de la Iglesia.

SAN SIMEÓN EL VIEJO

San Simeón el Viejo o Estilista.
¡Casi nada! Lo que falta por padecer, Jesucristo
lo padeció voluntariamente. ¡Habrase visto!
Mayor ábneget semetipsum, milagro de penitencia.
A la vista
de todos, - de todo el que asista
y vea la luz que, puesta sobre el candelero, ¡Santo
Cristo!
Alumbra toda la casa. Por esa luz, existo.
Alimentado por la Sagrada Hostia. Tirita
el escéptico, mas el creyente cristiano
comprende al momento toda la filosofía cristiana.
Yo, he comprendido, y aunque no llegue a tanto
me conformo con una peregrinación al Mariano
Santuario de Lourdes. - Allí llegó mi fortaleza humana.
Al tiempo que me impongo en el Año Santo
Jacobeo que comienza, hacer el Camino de Santiago
y ver que queda de ti, Simeón, o de mí, Tiago.

SAN RAIMUNDO DE PEÑAFORT

Este corazón gigante que midiera
con sus latidos el pulso político, intelectual
y religioso de todo un siglo. El filosofal
siglo de Alberto Magno, Tomás de Aquino, Buenaventura.
No menos Santo que sabio fuera
no menos sabio que genuino catalán.
En el castillo de Peñafort nació con sangre real.
En la Vilafranca del Penedès que me envolviera
con su misterio y hechizo que aún perdura
llenando mi corazón con dulces promesas.
Voy a ti, Raimundo, pidiéndote la confesión
a mis pecados y errores. Que pesan.
La Merced, El Panadés me embelesan.
En el Mediterráneo veo un manto. Un Galeón,
un esquife inverosímil que cruza el mar
en un milagro del amor de Dios con el que me embelesas.
¡¡AMOR!! DULCE REINA MÍA

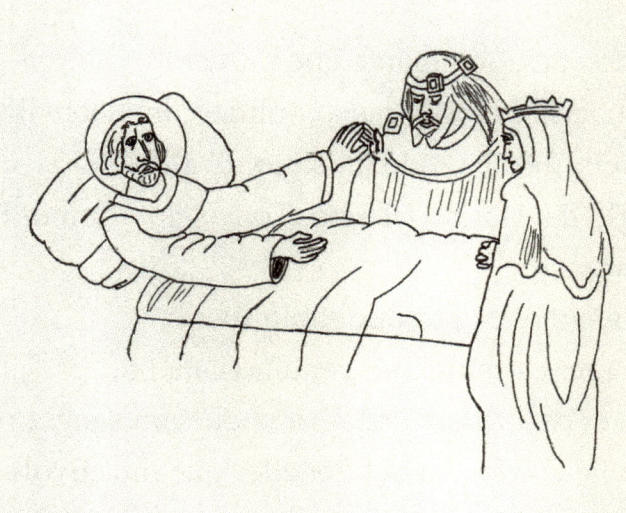

SAN SEVERINO

San Severino, Apóstol de Austria y Hungría.
Peregrino es, del Reino de los Cielos.
Esa es mi Patria, causa de mis desvelos
y mi ansia toda. Cifrada en María.
En el año en que Átila, el azote de Dios, moría
y los bárbaros se derraman por sus suelos
del Danubio y el Águila cesa sus vuelos
cayendo desmoronada, en ruina, día a día.
Con la visión de un catastrófico presente
y en espera de un porvenir espeluznante.
Surge entonces la voz del profeta.
Como nuevo Bautista. Ascendiente
moral que logra derrotar al gigante
invasor, su sola condición de recio asceta.

SAN JULIÁN

Pese a su temprano voto de Castidad,
Dios en su providencia dispone otra cosa.
¡Oh, Magnificencia Divina! Que osa
trocar los planes humanos con la Santa Voluntad
del Padre Eterno que en su gran bondad
traza el camino y la senda más hermosa.
Cual nunca llegaríamos a soñar. Por esposa
regala a Julián un ángel, en verdad
candoroso. Rosa de hermosura
es Basilisa. Y Azucena de pureza
que florecen en invierno en la cámara nupcial.
Este es el plan de Dios: Que la pura
compostura de sus almas llenas de belleza
estén unidas para siempre por el manto virginal.

SANTA BASILISA

¿Qué perfume tan delicioso es éste?
Inquiere la esposa al esposo.
El aroma de Cielo es oloroso
perfume del Cristo Ungido al que preste
su castidad virginal, de suerte
qué, esa inmolación en honroso
Matrimonio – Es un acto de amor hermoso.
Basilisa y Julián son el dardo que aseste
el golpe mortal a la concupiscencia.
Y por ello y por otras hermosas cosas,
son coronados por el Cielo.
Dos Ángeles portan a su presencia
sendas coronas que ponen sobre sus olorosas
cabezas. Cuando aún el velo
de la novia no ha sido corrido.
Sellan con oro sus divinas promesas.
¡Qué noche de bodas más maravillosa y dulce!
¡Celestial!

SAN PEDRO URSÉOLO

Bajó del solio de su grandeza
y fue a esconderse entre las paredes de un convento.
Este es nuestro Pedro Urséolo. ¡No es invento!
No por esto menos grande su riqueza.
Menos humilde su condición y su pobreza
ante el Cielo y ante Dios – autor de este portento.
Gran Dux de Venecia. Tuvo contento
a los venecianos. Por la belleza
de sus canales todavía pasa la góndola de la fe.
Trocaste tu Palacio por tu convento de Cuxá.
¿Por qué no? Rezar también es gobernar.
Huye de los desengaños que ve
pues su ambición no es terrena ni su poder excusa
para no seguir el timón del Cielo por el Adriático
mar.

SAN PALEMÓN

En el siglo III, la corrupción del mundo
obligaba a los que querían salvar su alma
a buscar los parajes solitarios. En esa calma
lograban la perfección con profundo
recogimiento y meditación. Fecundo
razonamiento que, dio fruto y alcanzó la palma.

Así nacería el monaquismo cristiano. ¡Oh, belleza del alma!

Así lo explica San Juan Crisóstomo a todo el mundo.
Que quiera hallar la perfección
huyendo de los peligros y pecados del siglo.

Palemón, si no fue el primero de los "Padres del yermo".

Sí fue uno de los más ilustres, con la suma lección
de su "Monaquismo" Eremítico. Anacoreta de un siglo
que definió al practicante tibio, tierno.

Y al practicante asceta, austero y áspero.

Su discípulo Pancomio "Padre del Cenobitismo".

Casí igual de austero y héroe, suavizo la cosa.

SANTA ENGRACIA

Bendita y alabada sea la hora
en que María Santísima vino en carne mortal
a Zaragoza. Bendita ciudad inmortal.
Agustina de Aragón, sí; que si ahora
Casta Álvarez y Manuela Sancho, en buena hora,
también; pero sobre todas, Engracia. Virginal
y encantadora heroína que al águila imperial
hizo temblar. ¡Ay! Daciano. En mala hora,
cruzaste los Pirineos. Si ayer Barcino.
Hoy Cesaraugusta se te enfrentan.
Si ayer Eulalia, hoy Engracia
te reta. Derrama como el vino
la sangre de los que la Paz intentan.
Y verás quién es más osada de las dos: La iniquidad o la Gracia.

SAN ROBERTO

San Roberto florece en Brioude – Francia.
Florece en una escuela de santidad.
San Geraldo, su padre, Conde de Aurillac,
es su maestro, viste su elegancia
de pétalos encendidos por la fragancia
del amor divino. Es su heredad:
un blasón: la virtud – su gran bondad,
y un título: el de Santo – su Gracia.
Nadie como los padres para enseñarnos
con su ejemplarizante amor.
Roberto no quiere saber nada de batallas
ni de espadas, ni de títulos nobiliarios.
Su batalla: Ganar almas para Dios.
Su espada: Su báculo de abad. Y sus milagros: Sus medallas.

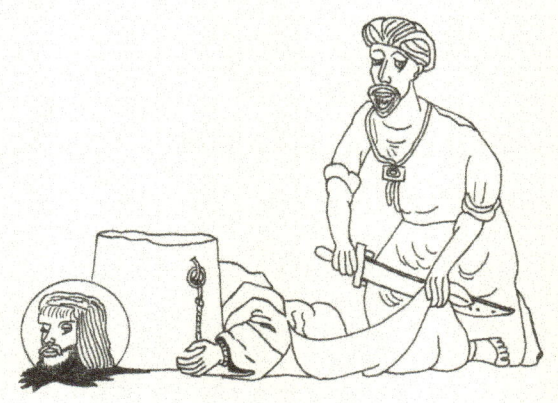

SAN PERFECTO

Córdoba, singular ciudad califal.
Que en la mezcla cristiana y mora.
Gozó de belleza celestial
entre azahares y jazmines atesora
la herencia de los siglos al Sol que dora
la mies que es mucha. Fiel y leal.
Pero todo fue dulce y magistral.
La miel de azahar trocase en hiel en la hora
de los mártires de la intolerancia
de los muslimes. La cimitarra se blandía
contra la mozarabía oprimida
por cadíes, jerifes y alfaquíes de falacia.
Regidos por Abderramán II donde impera María.
¡Ay! Califa ¿Cómo te enfrentas a la raza protegida?

SAN VICENTE DE COLIBRE

La Era de los Mártires –comenta Chateaubriand–
ofrece un espectáculo extraordinario:
Los Hércules guerreros del siglo fantasioso e ima-
ginario
 del paganismo, pasaron dando paso a la Verdad
 del Cristianismo. ¡Oh! Siglo de gran heroicidad
 el de los Hércules pacíficos de mi Breviario.
 Éstos, domeñaron otros monstruos. El vario-
 pinto mundo de los vicios, pasiones, maldad
 y errores; héroes cuya victoria
 consistía, no en matar, sino en morir…"
Colibre – la antigua Cancolíberis romana,
de la Diócesis de Perpiñan – entró en la Historia
con este invicto Campeón que llegó a conseguir
el triunfo para la Iglesia Cristiana
de la antigua España en el alba
sangrienta de la paz Constantiniana.

SANTA INÉS DE MONTEPULCIANO

La dominica Santa Inés de Montepulciano
es ejemplo que me honraría imitar
en este Año Santo Jubilar
Camino de Compostela al abrazo del hermano
Apóstol Santiago. Camino Compostelano.
Santo objetivo. ¡Cómo llegué a soñar
llevar el manto de dominico seglar!
Camino de la vida. Objetivo cristiano.
Todos los objetivos del Cielo
fueron bien ampliamente cumplidos
en esta Santa señalada desde la cuna.
Ya de niña, los cuervos con su vuelo
la espantaron con desagradables graznidos
allí mismo donde más tarde ninguna
fuerza extraña impidió que se edificara
un convento.

Este libro se imprimió en Madrid
en julio del año 2018

«Cantaban las Musas que habitan las mansiones olímpicas,
las nueve hijas nacidas del poderoso Zeus.
Calíope es la más importante de todas,
pues ella asiste a los venerables reyes».

Hesíodo, *Teogonía*, 1-103

www.ingramcontent.com/pod-product-compliance
Lightning Source LLC
Chambersburg PA
CBHW030936090426
42737CB00007B/447